ENSSLINs
KLEINE NATURFÜHRER

STRÄUCHER
BESTIMMEN UND ENTDECKEN

James Gourier

Illustrationen von Hélène Appell-Mertiny

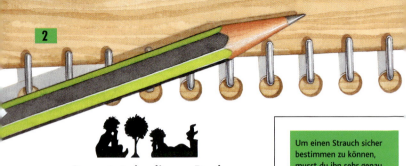

So nutzt du dieses Buch

Dieser Naturführer ist so handlich, dass du ihn bequem in deiner Tasche oder deinem Rucksack verstauen kannst, wenn du in der Natur auf Entdeckungsreise gehst.

Sträucher erfüllen nicht nur in der Natur wichtige Aufgaben – sie bieten darüber hinaus vielfältige Möglichkeiten zur kreativen Betätigung. Wusstest du etwa, dass man aus Sträuchern Hütten bauen oder Papier herstellen kann? Allerdings sind nicht alle Sträucher für sämtliche Anwendungen geeignet: Entscheidend sind die spezifischen Eigenschaften der Pflanzen, die du kennen solltest, bevor du dich an die Arbeit machst. Das Buch stellt 50 verschiedene Sträucher und ihre wichtigsten Unterscheidungsmerkmale vor, außerdem jede Menge Ideen, was man aus Sträuchern so alles machen kann …

Um einen Strauch sicher bestimmen zu können, musst du ihn sehr genau betrachten. Achte auch auf die weniger hervorstechenden Merkmale, wie die Form der Blätter und Zweige oder die Anordnung der Knospen.

● **Wuchsform**
Obwohl die Mehrzahl der Sträucher eine buschige Form aufweist, lassen sich dennoch Unterschiede feststellen. Eines der Unterscheidungsmerkmale ist die Verteilung der Äste.

● Deutscher **Name** der Pflanze

● **Größe** der Pflanze in Metern (m)

Inhalt

· So nutzt du dieses Buch	2
· Was ist ein Strauch?	4
· Wanderstöcke – frisch geschnitten	6
· Blütenduft aus der Dose	8
· Verlockende Köstlichkeiten	10
· Dekoratives für zu Hause	12
· Grüne Hütten	14
· Lebende Zäune	16
· Kochen mit Aroma	18
· Lieblingsplätze der Bienen	20
· Spielideen und Scherzartikel	22
· Zeichenmaterial aus der Natur	24
· Blütenschmuck zu jeder Jahreszeit	26
· Lebendiger Garten im Winter	28
· Auf den Spuren vergangener Zeiten	30
· Lebensraum für Vögel	32
· Die Kunst des Korbflechtens	34
· Wo wachsen Sträucher?	36
· Stichwortverzeichnis	38

· Im Stichwortverzeichnis findest du in alphabetischer Reihenfolge die Namen aller Sträucher und kreativen Ideen, die in diesem Buch beschrieben werden. Im Laufe der Zeit kannst du den Erfolg deiner Bestimmungsübungen erkennen: Je mehr angekreuzte Kästchen im Stichwortverzeichnis, desto größer ist dein Pflanzenwissen!

Die Beschreibung der einzelnen Sträucher informiert über mehrere typische Merkmale der Pflanze. Du solltest die Angaben aufmerksam lesen, denn ein Merkmal allein reicht nicht aus, um einen Strauch richtig zu bestimmen. Achte deshalb auf folgende Hinweise:

- **Ein einleitender Text** führt in das Thema der Doppelseite ein und benennt die für den jeweiligen Verwendungszweck geeigneten Straucharten.

- **Kurze Beschreibung** des Strauchs mit Angaben zu Form und Anordnung der Blätter sowie der Zweige

- **Abbildung** der Blüten oder Früchte

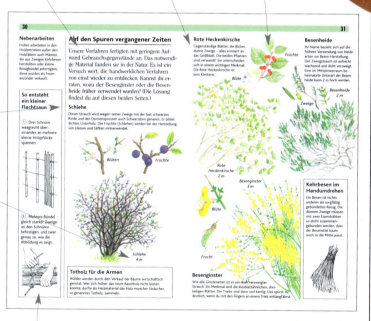

- **Tipps** sowie **erklärende Zeichnungen** zum jeweiligen Thema

Ob in Wäldern, auf freien Feldern oder in Gärten: Selten wird den Sträuchern Beachtung geschenkt. Sie gelten meist als Gestrüpp. Doch in ihnen steckt mehr, als du denkst! Anders als große Bäume sind Sträucher vielseitig verwendbar dank ihres niedrigeren Wuchses und der großen Artenvielfalt.

Materialsuche

Für die Beschaffung des Arbeitsmaterials gelten einige Regeln:
1. Du musst dir sicher sein, dass du den richtigen Strauch für dein Vorhaben gefunden hast.
2. Du solltest darauf achten, dass du die Zweige und Äste möglichst nur von Sträuchern schneidest, die am Wegrand stehen. Ragen Zweige zu weit in einen Weg hinein, ist sowieso ein Rückschnitt erforderlich.
3. Ein wichtiger Grundsatz: So viel wie nötig, aber so wenig und so sorgfältig wie möglich schneiden!

Was ist ein Strauch?

Ein Strauch ist ein Gewächs, das eine Höhe von maximal 7 m erreicht. Wie die Bäume, so haben auch Sträucher Sprossachsen aus festem Material, nämlich Holz. Doch die niedriger wachsenden Sträucher haben keinen Stamm; stattdessen treiben mehrere Äste dicht am Boden. Die eher kurzlebigen Halbsträucher werden höchstens 50 cm hoch.

Vermehrung

Sträucher haben unterschiedliche Vermehrungsmethoden entwickelt: Die einen treiben Schösslinge und Sprossachsen an der Wurzel, andere bilden Wurzeln an den Sprossachsen. Doch die meisten sichern ihren Fortbestand, indem sie Samen bilden, die vom Wind oder von den Vögeln verbreitet werden.

Wachstum

Sträucher wachsen weniger in die Höhe als in die Breite. Sie benötigen daher viel Platz. Manchmal bilden sie Kolonien, die sich in kürzester Zeit zu einem undurchdringlichen Buschwerk entwickeln können.

Worauf musst du bei Blättern achten?

Einfache Blätter

Blattspreite

Die flache grüne Oberseite des Blattes, Blattspreite genannt, bildet eine einheitliche Fläche. Das Blatt hat einen Stiel, der am Spross der Pflanze sitzt.

Zusammengesetzte Blätter

Fiedern

Blattstiel

Die Blattspreite besteht aus mehreren, gleich großen Einzelblättchen, den Fiedern, die über eine lange Sprossachse verteilt sind.

Blätter Das Laub versorgt die Pflanze mit allen lebensnotwendigen Nährstoffen: Unter Einwirkung von Sonnenlicht können die Blätter organische Substanzen bilden, und zwar mithilfe von Wasser, das von den Wurzeln aufgenommen wird, und Kohlendioxid aus der Luft. Diesen Vorgang nennt man Fotosynthese.

Äste Da Sträucher keinen Stamm haben oder nur in stark verkürzter Form, bilden die Äste und Zweige das Gerüst. Ihr kompakter Wuchs macht sie im Vergleich zu großen Bäumen widerstandsfähiger gegen starke Winde.

Rinde Wo kein Stamm ist, gibt es keine Rinde – so könnte man fälschlich vermuten. Doch Äste und Zweige von Sträuchern sind mit Rinde ummantelt, die zwar dünn ist, aber ihre Schutzfunktion voll erfüllt.

Blüten und Früchte Die Blüten sind oft auffällig, die Früchte leuchtend gefärbt und meist überreich vorhanden.

Wurzeln Sträucher bilden ein dichtes und mächtiges Wurzelwerk, das die Pflanze auch in schwierigen Böden fest verankert hält. So gelingt es den Büschen, selbst unwirtliche Gegenden zu erobern.

Wechselständige Blätter
Immer abwechselnd: ein Blatt rechts, ein Blatt links

Gegenständige Blätter
Die Blattpaare stehen sich gegenüber.

Weitere Blattmerkmale
- Blattrand gezähnt, gebuchtet oder ganzrandig
- Blatt behaart oder nicht behaart
- Unterschiedliche Färbung der Blattoberseite und der Blattunterseite
- Blattzeichnung durch die Blattadern

Wie denken Förster über Sträucher?

Sträucher sind im Wald die Verbündeten der Förster. Als Jungpflanzen sind sie die Begleiter und Beschützer großer Bäume. Ein weiterer Pluspunkt: Sträucher werden von zahlreichen Tieren bewohnt, die für das ökologische Gleichgewicht im Wald unerlässlich sind.

Kornelkirsche

Dieser Strauch gehört zu den Frühblühern unter den Gehölzen. Die parallelnervigen Blätter sind gegenständig und zugespitzt. Im Gegensatz zum Roten Hartriegel stehen die Knospen deutlich vom Zweig ab.

Blätter

Blüten

Das Holz der Kornelkirsche

Früher wurden aus dem Holz der Kornelkirsche Werkzeugteile gefertigt. Es ist sehr hart und weist eine gute Polierfähigkeit auf, doch leider ist es sehr schwer.

Werkzeuggriffe

Das Holz für Werkzeuggriffe muss besonderen Anforderungen entsprechen und daher sorgfältig ausgewählt werden: Ein guter Griff soll robust sein und trotzdem leicht in der Hand liegen, wie das Holz des Efeus, das für die Griffe von Hippen (sichelförmige Messer) verwendet wird.

Wanderstöcke – frisch geschnitten

Er gehört zur Grundausstattung eines Wanderers: der Spazierstock. Ein Auf- oder Abstieg ist weniger anstrengend, wenn man sich auf einen Stock stützt. Außerdem kann man sich mit ihm auf Wanderwegen »freie Bahn« verschaffen, also Stolperfallen aus dem Weg räumen. Dieser »Diener« für unterwegs ist auch in freier Natur erhältlich. Denn aus einem Ast lässt sich im Handumdrehen ein Wanderstock herstellen. Geeignet für den Schnitt sind Sträucher mit kräftigen Zweigen wie Kornelkirsche, Hasel oder Felsenbirne.

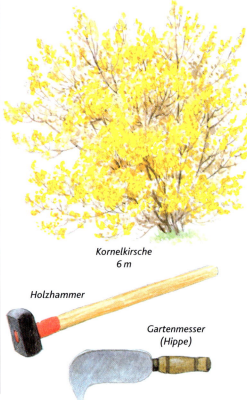

Kornelkirsche 6 m

Holzhammer

Gartenmesser (Hippe)

Früchte

Gemeine Hasel
5 m

Einschneiden der Rinde

Früchte

Felsenbirne
3 m

Stock mit Knauf

Gemeine Hasel

Die Früchte dieses Strauchs sind die allseits bekannten und beliebten Haselnüsse. Er hat rundliche Knospen und breite, herzförmige Blätter mit gezähntem Rand. Junge Zweige sind behaart.

Stock mit persönlicher Note

Die schnurgeraden Schösslinge der Hasel sind ideal, um leichte Stöcke herzustellen. Besonders schön sehen sie aus, wenn du mit einem Messer kleine Stücke der Rinde entfernst, sodass ein Ringel- oder Rautenmuster entsteht. Doch pass gut auf, wenn du mit einem Messer hantierst! Lass dir von Erwachsenen helfen!

Felsenbirne

Die meisten Arten der Gattung Felsenbirne stammen hauptsächlich aus Nordamerika, nur die Gemeine Felsenbirne ist in Europa heimisch. Die feinen, glänzenden Zweige tragen zahlreiche weiße Blüten, die vor dem Austrieb der kleinen, ovalen Blätter erscheinen.

Spazierstock mit Knauf

Da es sehr schwer ist, einen Stock zu biegen oder zu verformen, wählt man am besten einen Ast mit verdicktem Ende oder eine Sprossachse mit einem Teil der Wurzel. In beiden Fällen erhältst du einen Spazierstock mit Knauf.

Schlangenmuster

Es kommt vor, dass sich Schlingpflanzen (Lianen) an den Stämmen junger Bäume emporwinden. Im Laufe der Zeit verholzt der windende Trieb. Ein solcher Naturfund ist ideal, um aus dem ungebetenen »Gast« in feiner Schnitztechnik eine Schlange entstehen zu lassen, die von dem Stamm Besitz zu ergreifen scheint.

Blütenduft aus der Dose

Flieder
7 m

Winterzeit ... Mit einem Potpourri aus getrockneten Blüten kannst du dir nun den Frühling ins Haus holen! Das Geheimnis des Duftes besteht in der Mischung: Die Blüten werden während der Hochblüte samt Stielen geschnitten und, kopfüber hängend, an einem dunklen Ort getrocknet. Der fertige Blütenmix wird in einer Dose aufbewahrt und entfaltet seinen Duft, sobald du das Potpourri in eine Schale gibst. Besonders gut harmonieren die Blüten von Geißblatt, Pfeifenstrauch, Flieder und Lavendel. Nicht zu vergessen: eine Hand voll Rosenblütenblätter.

Blatt

Flieder

Blüte

Der im 16. Jh. in Europa eingeführte Strauch hat sich den hiesigen Bedingungen vollständig angepasst. Die Blätter sind gegenständig, breit und zugespitzt. Dank seiner üppigen Blüte im Frühjahr ist Flieder beliebt in deutschen Gärten.

Blüten des Flieders

Der Blütenstand ist eine lange Rispe, die sich aus einer Vielzahl kleiner Blüten mit je 4 Blütenblättern zusammensetzt. Die Blüten verströmen einen betörenden Duft, ihre Farbe reicht von Weiß bis Purpurrot.

Blüten

Pfeifenstrauch
3 m

Pfeifenstrauch

Das beliebte Gartengewächs wird auch Falscher Jasmin genannt, weil er – wie der Echte Jasmin – wunderbar duftet. Die Blüten mit jeweils 4 Blütenblättern stehen in 5- bis 10-blütigen Trauben. Die Blätter sind gegenständig.

Wald-Geißblatt

Das Wald-Geißblatt ist ein rechtswindender, d. h. im Uhrzeigersinn kletternder Schlingstrauch, der an jungen Bäumen emporwächst. Seine Blätter sind gegenständig und weich.

Blüte

Blüten des Wald-Geißblattes

Der aus mehreren Blüten zusammengesetzte Blütenstand erscheint am Ende eines Kurztriebes. Die Blüten duften stark. Bei näherem Hinsehen erkennst du den Fruchtknoten und die Staubgefäße, die sich aus der Mitte der Blüte mit den eingerollten Blütenblättern erheben.

Geißblatt 5 m

Blüte

Lavendelblüten

Im Kleiderschrank sorgen dekorative Säckchen mit Lavendelblüten für lang anhaltende sommerliche Frische und vertreiben mit ihrem Duft die Motten. Das durch Destillation gewonnene ätherische Lavendelöl wird in der Parfümindustrie verwendet.

Lavendelfeld

Lavendel

Mit seinen immergrünen Blättern wird Lavendel auch hierzulande gerne in Gärten angepflanzt. In Mittelmeergebieten, vor allem in Südfrankreich, prägen beeindruckende Lavendelfelder das Landschaftsbild.

Zweige des Lavendels

Duft-Potpourri

Für die Zusammenstellung eines Blüten-Potpourris sind vor allem dein Geruchssinn und dein persönlicher Geschmack gefragt. Um einen feinen, angenehmen Duft zu erzielen, kommt es auf die richtige Mischung an. Eine besondere Duftnote entsteht durch Zugabe von Orangenschalen, Pfefferkörnern oder getrocknetem Waldmoos.

Rote Johannisbeere

Wie viele andere Beerensträucher kommt die Rote Johannisbeere noch in ihrer Wildform vor, doch die meisten Sorten dienen dem Anbau. Die 3- bis 5-lappigen Blätter sitzen am Ende eines langen Blattstiels und haben einen gesägten Rand. Die sauren Früchte bilden hängende Trauben.

Verlockende Köstlichkeiten

Sonne lässt die Früchte reifen – das gilt auch für Sträucher: An einem sonnigen Standort bilden sie mehr Früchte als im Schatten. Leider sind nicht alle Wildfrüchte genießbar, auch wenn sie verlockend aussehen. Einige sind giftig und ihr Verzehr verursacht schlimme Gesundheitsschäden. Sei also wachsam und sammle nur Früchte von Sträuchern, die du sehr gut kennst! Ansonsten gilt: Finger weg von den Früchten!

*Rote Johannisbeere
2 m*

Mispel

Mit Glück entdeckst du sie mitten im Wald. Erkennungsmerkmale sind die weichen Blätter mit flaumig behaarter Unterseite, die filzig behaarten Zweige und die auffallenden Früchte.

Die Mispelfrucht

Die kleinen Früchte sind birnenförmig und von Resten des Blütenkelchs (Kelchblätter) gekrönt. Die Früchte sind erst genießbar, wenn sie überreif sind.

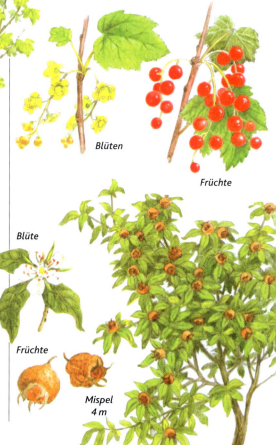

Blüten

Früchte

Blüte

Früchte

*Mispel
4 m*

Himbeere

Die zylindrischen Zweige sind mit kleinen roten Stacheln besetzt. Die Blätter mit weiß-filziger Unterseite sind 3- bis 7-fach gefiedert. Die Früchte sind reif, sobald sie sich leicht abpflücken lassen.

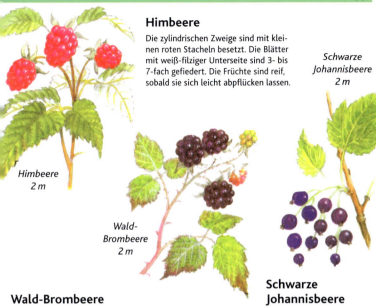

Himbeere
2 m

Wald-Brombeere
2 m

Schwarze Johannisbeere
2 m

Wald-Brombeere

Auch wenn die oberirdischen, stacheligen Triebe bereits nach 2 Jahren absterben, bewurzeln sich die weit überhängenden Sprosse immer wieder neu und bilden im Laufe der Zeit oft ein undurchdringliches Dickicht aus Brombeersträuchern.

Schwarze Johannisbeere

Sie gehört zur gleichen Familie wie die Rote Johannisbeere (ähnliche Blätter), kommt jedoch in der freien Natur seltener vor. Die Früchte schmecken ein wenig eigenartig, eignen sich aber hervorragend zur Herstellung von Sirup.

Sanddorn
6 m

Sanddorn

Dieses Obstgehölz ist gleich in mehrerer Hinsicht interessant: Die Früchte sind besonders reich an Vitamin C. Die langen, silbrig schimmernden Blätter sind auffallend schön. Schließlich eignet sich der Strauch zur Bepflanzung und Befestigung von Hängen.

Mäusedorn

Was wie Blätter aussieht, sind in Wahrheit Flachsprosse, die in einer stechenden Spitze auslaufen. Damit wird klar, warum sie die gleiche Farbe wie die Zweige haben und im Winter nicht abfallen. Ausgereifte Sprosse eignen sich für Trockenblumensträuße und können für festliche Dekorationen golden oder silbern besprüht werden.

Mäusedorn
90 cm

Frucht

Dekoratives für zu Hause

Du bist auf der Suche nach einer Dekorationsidee fürs Weihnachtsfest oder für deinen Geburtstag? Bei einem Streifzug durch die Natur wirst du fündig: Aus Zweigen, Blättern und Früchten verschiedener Sträucher lassen sich mit wenig Aufwand hübsche Dekorationen anfertigen, die in jedem Raum eine festliche Stimmung zaubern.

Stechpalme
7–10 m

Früchte

Stechpalme

Dieser Strauch kann 300 Jahre alt werden. Sein Holz ist von hervorragender Qualität. Der Rand der immergrünen und lederartigen Blätter besteht aus »Dornenzähnen«. Die Stechpalme, auch Ilex genannt, ist eine zweihäusige Pflanze, d. h., die männlichen und die weiblichen Blütenteile befinden sich nicht gemeinsam auf einer Pflanze, sondern getrennt auf zwei »Individuen«.

Ganz natürlich

Ilex-Zweige mit roten Früchten (Achtung, giftig!) sind als Deko beliebt. Doch die Beeren befinden sich nur an den weiblichen Pflanzen. Um den Fortbestand nicht zu gefährden, schneide lieber Zweige ohne Früchte. Auch die glänzenden Blätter wirken sehr apart. Willst du auf die roten Farbtupfer nicht verzichten, klebe rote Kügelchen aus Seidenpapier auf die Blätter.

Früchte

Blüten

Schneebeere

Dieser Strauch bildet innerhalb kurzer Zeit dichte Büsche mit zahlreichen, aufrecht wachsenden Zweigen. Die Früchte sehen wie kleine weiße Kugeln aus und bleiben bis spät in den Winter an den Zweigen.

Schneebeere
1,50 m

Herbstlaub konservieren

Zunächst mit einem kleinen Hammer auf die Schnittstelle der Zweige klopfen, um die Fasern zu öffnen. Anschließend eine Mischung aus 1/3 Glyzerin und 2/3 Wasser herstellen und die Zweige darin ca. 2 Wochen lang an einem dunklen Ort stehen lassen.

Weiße Mistel

Im Winter fallen dir die großen grünen »Blattknäuel« in Laubbäumen, besonders in Pappeln, auf? Es handelt sich dabei um die Weiße Mistel, einen Parasiten, der Laubbäume befällt und mit seinen Saugorganen den Bäumen Nährstoffe für den eigenen Bedarf entzieht. Abgeschnittene Zweige halten sehr lange, wenn sie draußen aufgehängt werden.

Früchte

Weiße Mistel 50 cm

Blüten

Früchte

Roter Hartriegel 5 m

Achtung, giftig!

Die Früchte von Mistel, Schneebeere, Stechpalme, Mäusedorn und Hartriegel sind für den Menschen ungenießbar. Für Drosseln jedoch gehören Mistelbeeren zu den Leibspeisen, und ohne es zu wissen, sorgen sie für die Verbreitung der Mistelsamen. Sie scheiden die Samen der Beeren wieder aus, die dann auf anderen Bäumen landen.

Roter Hartriegel

Der Strauch wächst kleiner als die Kornelkirsche, hat aber ebenfalls ovale und gegenständige Blätter. Die Zweige sind leuchtend rot. Erst im Herbst verfärben sich auch die Blätter rot.

Grüne Hütten

Holzhütten sind gut. Aber Hütten aus lebenden Sträuchern sind Spitze! Eine spezielle Dachkonstruktion ist überflüssig, denn das übernehmen die Blätter der Sträucher. Das Problem der Bodenverankerung wird von den Wurzeln gelöst. Damit du mit den »Bauarbeiten« beginnen kannst, brauchst du einen geeigneten Bauplatz. Um Ärger zu vermeiden, solltest du zuvor eine »Baugenehmigung« beim zuständigen Grundstücksbesitzer einholen.

Beobachtungsposten

Schneide inmitten eines Haselstrauchs in 60 cm Höhe drei Zweige ab. An den drei »Stümpfen« befestigst du ein Tuch oder ein Stück Stoff, sodass ein dreieckiger Sitz entsteht – ein bequemes Versteck, um viele Stunden lang Tiere in der Natur zu beobachten!

Iglu für Eilige

Suche im Wald mehrere nebeneinander liegende Baumstämme, aus denen lange Schösslinge wachsen. Jetzt nur noch die weichen Schösslinge zur Mitte biegen und mit Kordel oder Brombeerranken zusammenbinden – fertig ist das Wald-Iglu!

Gewölbe

Weidenruten, die zur Hälfte im Boden stecken

Weidenhütte

Schneide im Winter von einer Weide 2 m lange Zweige (Ruten) ab. Stecke sie nebeneinander und in Form eines Rechtecks bis zur Hälfte in feuchten Boden. Bei erfolgreicher Bewurzelung treiben im Frühjahr die Blätter aus. Dann kannst du mithilfe der belaubten Zweige, die miteinander verflochten werden, die Wände und das Dach bauen. Viel Spaß bei der Einweihungsparty!

Waldrebe (Clematis)

Die Schlingpflanze klettert an Bäumen mehr als 10 m hoch. Die gefiederten Blätter sind gegenständig und bestehen aus 3 bis 9 Einzelblättchen. Der Fruchtstand sieht wie ein Köpfchen mit wolliger Frisur aus: Das federartige, behaarte Anhängsel des Samens dient als Flugorgan.

Blüten

Ruheplatz unter Ranken

Soll aus einer Waldrebe ein Unterschlupf werden, genügt es, die Blattranken mithilfe von Stöcken in die gewünschte Richtung zu lenken. Achte darauf, dass du keine Ranken beschädigst, denn die Waldrebe hält sich ausschließlich mit ihren Blättern fest.

Waldrebe (Clematis)

Wilder Wein

Wilder Wein

Dieser Kletterstrauch ist ein hervorragender Selbstklimmer, der sich ohne zusätzliche Stütze nur mithilfe von Haftscheiben an seiner Unterlage festhält. Man braucht jedoch Geduld: Es dauert Jahre, bis eine Holzwand mit Wildem Wein bedeckt ist.

Vermehrung durch Stecklinge

Teilabschnitte eines Zweiges, die in Erde gepflanzt werden, treiben Wurzeln und bilden neue Pflanzen. Diese Art der künstlichen Vermehrung klappt besonders gut bei allen Weidegewächsen.

Dschungel

Fällt man einen jungen Laubbaum, treiben bald neue Schösslinge am Baumstamm. Das gilt auch für viele Straucharten. Mit entsprechenden Schnittmaßnahmen entsteht in kurzer Zeit ein Dickicht aus Ästen und Zweigen.

Lebende Zäune

Die Auswahl der Heckensträucher richtet sich nach dem jeweiligen Zweck. Will man Haus und Garten vor den Blicken von Nachbarn oder Passanten schützen, sollte man immergrüne Sträucher mit dichtem Blattwerk wählen. Eine Viehweide kann mit einer Dornenhecke gesäumt werden, um die Tiere auf der Weide zu halten. Soll die Hecke ein attraktiver Blickfang im Garten sein, braucht sie Pflege und muss Jahr für Jahr geschnitten werden.

Myrte

Dieser immergrüne Strauch ist wegen seiner aromatisch duftenden Blüten und Blätter bekannt. Zweige und Blätter sind gegenständig. Die bis zu 5 m hohe Myrte ist im Mittelmeerraum beheimatet. Bei uns wird sie als Duft- und Heilpflanze sowie als Gewürz verwendet.

Buchsbaum

Buchsbaum ist ein immergrünes, langsam wachsendes Gewächs, das sich prima für Beeteinfassungen und für Formschnitte eignet. Der Fantasie sind dabei keine Grenzen gesetzt: Es können Kugeln, Pyramiden oder lustige Figuren entstehen. Buchsbaum kann hunderte von Jahren alt werden.

Liguster

Trotz seiner duftenden Blüten ist er ein eher unauffälliger, reich verzweigter Strauch, der schnittverträglich ist. Die Früchte und ein Teil der gegenständigen Blätter überdauern den Winter.

Pflanzen-Labyrinth

Seit dem 16. Jh. wurden in Schlossgärten riesige Labyrinthe gebaut, die aus Heckenpflanzen bestanden. Die Gartenarchitekten gaben ihr Bestes, um den Weg bis zum Ausgang spannend zu gestalten!

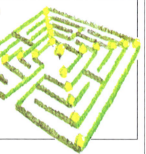

Geschnittene Bäume

Geschnittene Thuja- oder Zypressenhecken sehen wie Sträucher aus. Doch der Anblick täuscht. In Amerika, wo die Bäume beheimatet sind, erreichen sie eine Höhe von 50 m.

Stechginster 4 m

Stechginster

Wo immer man diesen Strauch berührt: Man wird gepikst! Die kleinen Zweige und Blätter enden in spitzen Dornen. Das einzig Sympathische an der Pflanze: Von Frühjahr bis Sommer bringt sie zahlreiche gelbe Blüten hervor.

Blüten

Zweigriffeliger Weißdorn

Er ist sehr schwer von dem eng verwandten Eingriffeligen Weißdorn zu unterscheiden: Beide haben dornige Zweige und rote Früchte. Die Blätter des Zweigriffeligen Weißdorns sind weniger tief eingeschnitten.

Blüten

Zweigriffeliger Weißdorn 4 m

Früchte

Bambus

Bambus ist kein Strauch, er zählt zu den Gräsern. Er wächst extrem schnell und bietet als Heckenpflanze Schutz vor Wind. Bambushecken werden nicht geschnitten.

Bambus 5 m

Weinrebe

Die Weinrebe ist ein Kletterstrauch mit Ranken, die als Haftorgane dienen und fast jedem Blatt gegenüberliegen. Weinreben wurden bereits in der Antike angebaut. Aus den Früchten, den Weintrauben, wird Wein hergestellt.

Kochen mit Aroma

Wenn du schon einmal selbst gekocht hast oder zu den Feinschmeckern gehörst, weißt du sicher, dass Gewürze das i-Tüpfelchen jeder Essenszubereitung sind. Einige werden aus fernen Ländern importiert, andere jedoch stammen von Aromapflanzen, die in unseren Regionen wachsen. Dazu zählen so bekannte Kräuter wie Rosmarin, Thymian, Wacholder und Lorbeer.

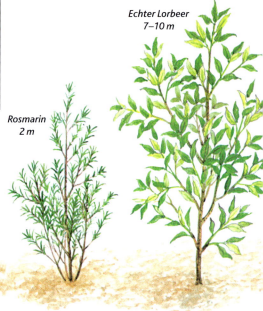

Echter Lorbeer 7–10 m

Rosmarin 2 m

Thymian 30 cm

Echter Thymian ①

Die Heimat des Thymians sind die Länder Südeuropas. Der stark verästelte Strauch besitzt kleine, schmale Blätter, die an den Zweigen gegenständig angeordnet sind. Thymian ist nicht nur als Küchengewürz bekannt; seine Blüten und Blätter sind auch medizinisch wirksam.

Rosmarin ②

Der immergrüne Rosmarin aus der Familie der Lippenblütengewächse gehört zu den ältesten bekannten Aromapflanzen. Die Lippenblüten dienen als Landebahn für Bestäuberinsekten.

Echter Lorbeer ③

Dieser schöne immergrüne Strauch wächst pyramidenförmig empor. Oft genügt ein einziges Blatt, frisch oder getrocknet, um Speisen wie Ragouts oder Pasteten einen feinwürzigen Geschmack zu verleihen.

Tipps fürs Grillen

Ein Zweig Wacholder in die glühende Holzkohle gelegt: Das sorgt für besonders würzigen Geschmack von Gegrilltem. Anstatt Holzkohle kannst du für das Grillfeuer auch Weinrebenzweige verwenden, die vom letzten Schnitt des Kletterstrauchs stammen.

So sehen die Zweige aus

Stachelbeere
1,50 m

Bohnenkraut
50 cm

Gemeiner Wacholder
7–12 m

Stachelbeere ④

Die grünen Stachelbeeren sind frisch gepflückt eine Delikatesse und schmecken prima als Kuchenbelag oder Dessert. Sie werden sogar bei der Zubereitung von Fischgerichten verwendet! Typisches Merkmal der Pflanze sind die Stacheln – wohingegen Johannisbeeren Zweige ohne Stacheln haben.

Bohnenkraut ⑤

Die aufrecht wachsenden Sprosse ähneln dem Thymian; die ebenfalls gegenständigen Blätter sind jedoch etwas größer und am Rand fein bewimpert. Bohnenkraut ist ein häufig verwendetes Gewürz.

Gemeiner Wacholder ⑥

Er ist einer der wenigen Sträucher, die zu den Nadelgehölzen gehören, und kommt auch als Baum vor. Die Blätter bestehen aus je 3 Nadeln und piksen wie Stacheln. Wacholderbeeren, die eigentlich fleischige Zapfen sind, werden bei der Zubereitung von Sauerkraut verwendet.

Lieblingsplätze der Bienen

Bienen und Schmetterlinge erfüllen in der Natur eine wichtige Aufgabe. Sie transportieren den Pollen von Blüte zu Blüte und sorgen damit für deren Befruchtung. Auf der Suche nach Nektar, ihrem süßen Lebenselixier, werden die Insekten vom Duft und der Farbe der Blüten angelockt. Die folgenden Sträucher werden besonders gerne von Insekten angeflogen.
Du solltest sie kennen, wenn du Bienen aus der Nähe beobachten möchtest – natürlich nur zur Blütezeit, denn ohne Blüten keine Insekten!

Schmetterlings-/Sommerflieder

Unter der Last der langen, schweren Blütenähren scheinen sich die flaumig behaarten Zweige der Buddleia (botanische Bezeichnung) nach unten zu biegen. Der Duft der Blüten lockt zahlreiche Schmetterlinge an.

Schmetterlingsflieder 5 m

Blüte

Gemeiner Goldregen

Grüne, rundliche Zweige, zusammengesetzte Blätter mit 3 gleich großen Einzelblättchen an einem langen Blattstiel und eine große Anzahl gelber, herabhängender Blütentrauben – das ist Goldregen.

Gemeiner Goldregen 7 m

Grauheide 50 cm

Zweig

Blüte

Bienenprodukt

Zur Herstellung von Honig brauchen die Bienen Nektar, den sie mit ihrer langen Zunge von den so genannten Honigpflanzen sammeln. Die Blütenherkunft des Nektars (Linde, Lavendel, Gebirgspflanzen etc.) bestimmt den Geschmack und die Konsistenz des Honigs.

Grauheide

Typische Merkmale, an denen du die Grauheide erkennen kannst, sind die Blätter, die immer zu dritt an einem Knoten zusammenstehen, der sehr kurze Blattstiel und die glockenförmigen Blüten, die zu Beginn des Sommers erscheinen.

Holz-Apfel

In Anbetracht seines Stamms mit der geschuppten Borke ist er eher ein kleiner Baum als ein Strauch. Viele Seitentriebe enden in Dornen. Von März bis April erscheinen die Blüten, aus denen sich nach der Befruchtung kleine, saure Äpfel entwickeln.

Frucht

Holz-Apfel 7–10 m

Gemeines Heidekraut 1 m

Gemeines Heidekraut

Die »Erika« gehört zur Familie der Ericaceae (Heidekrautgewächse). Ein Unterscheidungsmerkmal von Heidekraut und Grauheide sind die Blätter, die beim Heidekraut keinen Blattstiel haben und in 4 Längszeilen an den Sprossen sitzen. Die Blüte setzt erst zum Ende des Sommers ein.

Blätter

Blüten

Zweig

Pollenautomat

Wenn Insekten auf einer Ginsterblüte landen, lösen sie einen besonderen Mechanismus aus: Die unter den Blütenblättern eingerollten Staubblätter entfalten sich explosionsartig wie bei einer Sprungfeder und schleudern den Pollen auf den Rücken der Insekten.

Sauerdorn 3 m

Zweig

Sauerdorn (Gemeine Berberitze)

Dieser Wildobst-Strauch besitzt Kurz- und Langtriebe mit dreiteiligen Dornen (umgewandelte Blätter) an den Langtrieben – wie alle Ziersträucher der Gattung Berberitze. Eine Besonderheit des Sauerdorns: Bei Reizung durch Insekten neigen sich die Staubblätter zum Stempel hin, wobei sich die Insekten unweigerlich mit Pollen bepacken.

Früchte

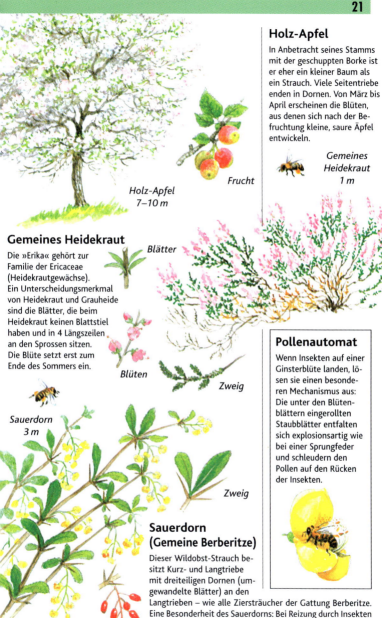

Hohle Nuss

Nüsse werden gern gegessen – außer sie sind innen hohl! Der »Übeltäter« ist der Rüsselkäfer, der seine Eier in den Nüssen ablegt. Sind die Larven geschlüpft und herangewachsen, verlassen sie die Nuss durch ein winziges Loch in der Schale.

Blasrohr

Schneide von einem Holunder-Zweig ein gerades Stück zwischen zwei Knoten ab. Entferne mit einem Draht das Mark aus dem Innern des Zweiges. Doch Achtung, in das Blasrohr darf nur hineingepustet, keinesfalls daran gesaugt werden! Wenn Beeren, Erbsen o. Ä. angesaugt werden, besteht sogar Erstickungsgefahr!

weißes Mark

Spielideen und Scherzartikel

Die Natur ist eine unerschöpfliche Quelle für Beschäftigungsideen. Hier kann man beobachten und erforschen, spielen und scherzen. Dicke Baumstämme sind ideal, um beim Versteckspiel unsichtbar zu werden. Willst du einen Freund mit grellen Pfeiflauten erschrecken, genügt ein einziger Grashalm. Sträucher stellen kostenlose Scherzartikel zur Verfügung, darunter Juckpulver oder stinkendes Holz. Aus einem Zweig des Schwarzen Holunders und (ungiftigen!) Beeren lässt sich ein Blasrohr herstellen.

Schwarzer Holunder

Er macht schon von weitem durch seinen hohen Wuchs und seine weißen, schirmförmigen Blütendolden auf sich aufmerksam. Die Blätter bestehen aus 5 bis 7 Einzelblättchen und sind gegenständig. Bei Naturfreunden ist er beliebt, da er viele nützliche Insekten beherbergt.

Blüten

Schwarzer Holunder 7 m

Holunder-Zweige

Junge Zweige sind zunächst grün, doch mit zunehmendem Alter bildet sich eine graubraune Borke mit kleinen erhabenen Punkten: den Rindenporen. Das Holz ist reich an weißem Mark; du kannst es an einem abgeschnittenen Zweig gut erkennen.

Früchte

Hundsrose

Die Blüten sind verführerisch schön. Doch die hakig gebogenen Stacheln der Hundsrose (auch Hecken- oder Wildrose) piksen bei der leisesten Berührung: Sie sehen gefährlich aus – und leider sind sie an jedem noch so kleinen Spross vorhanden.

Früchte

Hagebutten

Die Früchte der Hundsrose werden im September reif und sind leuchtend rot. Ihre Samen liefern seit Generationen das Material für einen Kinderstreich: Durch ihre feinen Widerhaken wirken sie wie Juckpulver, sobald sie mit der Haut in Berührung kommen. Besonders fies, wenn die Kerne unter den Pulli oder in den Hemdkragen geraten …

*Hundsrose
5 m*

*Traubenkirsche
7–15 m*

Blüten

Früchte

Traubenkirsche

Großer Strauch oder kleiner Baum – die Traubenkirsche kann beides sein. Sie ist eine Wildkirsche mit traubenartigen Fruchtständen. Frisch geschnittene Zweige verströmen einen unangenehmen Geruch. Nicht umsonst wird die Traubenkirsche »Stinkbaum« genannt.

Lustige Nase

Ahorngewächse sind eigentlich Bäume; nur der bei uns selten vorkommende Französische Ahorn ist mit den Sträuchern verwandt. Die Ahorn-Früchte mit den propellerartigen Flügeln müssen einfach erwähnt werden: Sie halten von alleine auf der Nase und sehen dann ziemlich lustig aus – Ähnlichkeit mit einem Nashorn ist nicht ausgeschlossen!

Pfaffenhütchen

Wenn du die Gewächse der Natur aufmerksam betrachtest, wirst du das Pfaffenhütchen schnell entdecken. Die Blüten sind eher unscheinbar; für die Früchte gilt das Gegenteil: Es sind rote Kapseln, die in der Mitte orangefarbene Samen tragen. Sie sehen hübsch aus, sind aber hochgiftig!

Zeichenmaterial aus der Natur

Alles, was du zum Zeichnen brauchst, kannst du selbst herstellen: Du brauchst nur einen Zweig des Pfaffenhütchens für den Stift und mehrere Holzstücke der Sal-Weide für das Papier. Ist das Material vorhanden, kannst du bald mit dem Zeichnen beginnen. Auf diesen beiden Seiten erfährst du, wie's geht.

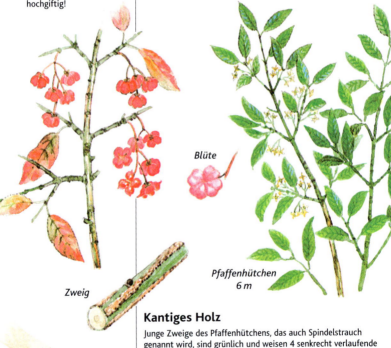

Blüte

Zweig

Pfaffenhütchen 6 m

Kantiges Holz
Junge Zweige des Pfaffenhütchens, das auch Spindelstrauch genannt wird, sind grünlich und weisen 4 senkrecht verlaufende Korkleisten auf. Dadurch wirken sie vierkantig.

Zeichenkohle – verwandeltes Holz
So geht's: Von einem Pfaffenhütchen einen Zweig abschneiden, die Rinde entfernen. Den Zweig in Alufolie wickeln und über eine Flamme halten. Es entsteht weißer Rauch! Wenn es zu rauchen aufhört, den verpackten Zweig aus der Flamme nehmen. Abkühlen lassen und die Folie entfernen: Das Holz hat sich in Zeichenkohle verwandelt!

Sal-Weide 7–10 m

Knospen

Blatt

Sal-Weide

Sie ist öfter als Strauch, seltener als Baum anzutreffen. Der kurze Stamm und die Zweige liefern ein ausgezeichnetes Holz. Die Blätter sind für eine Weide ziemlich groß, sie haben hervortretende Blattadern und eine zurückgebogene Spitze.

Papier schöpfen

① Schneide einige Zweige der Sal-Weide in kleine Stücke und lasse sie ca. 1 Stunde in Wasser kochen. Nach dem Abkühlen das aufgeweichte Holz herausnehmen und zusammen mit ein paar Schnipseln altem Papier in einen Mixer geben. So lange Wasser hinzufügen, bis ein dünner Faserbrei entstanden ist.

② Gieße die Fasermasse in ein großes Gefäß. Halte ein feinmaschiges Drahtgitter oder einen mit Stoff bespannten Holzrahmen bereit.

③ Die Masse kurz vor dem Schöpfen nochmals umrühren, damit sich die Fasern nicht am Boden absetzen. Tauche den Rahmen senkrecht ins Wasser und drehe ihn in die Waagrechte. Die Zellstoffmasse setzt sich auf dem Stoff bzw. auf dem Gitter ab. Hebe nun den Rahmen vorsichtig aus dem Wasser. Achte darauf, dass er in der Waagrechten bleibt. Lasse das überschüssige Wasser ablaufen.

④ Nach einigen Minuten kannst du das entstandene Papiervlies vom Rahmen nehmen: Papier an einer Ecke anfassen und vorsichtig abziehen. Es muss nun mehrere Stunden trocknen: entweder liegend, z. B. auf Zeitungspapier, oder hängend, indem du es mit Wäscheklammern an einer Leine aufhängst.

Persönliches Papier

Möchtest du dein Papier individuell gestalten? Verziere es mit getrockneten Blättern und Blüten! Unmittelbar nachdem du den Schöpfrahmen aus dem Wasser gehoben hast, wird das Pflanzenmaterial auf der noch feuchten Fasermasse verteilt.

Forsythie

Bei der früh blühenden Forsythie erscheinen bereits Ende Februar unzählige goldgelbe Blüten an den in alle Richtungen wachsenden Zweigen. Mit der Forsythien-Blüte erwacht auf spektakuläre Weise die Natur zu neuem Leben – der Frühling steht vor der Tür!

Blüten

Forsythie 3 m

Hortensie

In Gruppen gepflanzt sehen sie besonders schön aus. Einige bevorzugen Schattenplätze, andere lieben die Sonne. Die großen Blütenbälle der Bauernhortensien bestehen nur aus sterilen Einzelblüten, d. h. sie bilden keine Früchte und erfreuen den Betrachter daher mit einer längeren Blütezeit.

Hortensie 2 m

Blüten

Japanische Ahorn-Arten

Ihr großer Auftritt ist im Herbst, wenn ihre Blätter sich leuchtend rot oder gelb verfärben. Wie bei allen Ahorngewächsen sind die Blätter gegenständig und haben einen fein gezähnten Blattrand. Die Blüten hingegen sind unscheinbar.

Rose

Rose

In freier Natur kommen nur Wildrosen vor, doch das Angebot an Gartenrosen ist riesig: Kletterrosen, Zwergrosen, Strauchrosen oder Beetrosen in den verschiedensten Blütenfarben und -formen. Wer die »Königin der Blumen« pflanzt, kann sich an einem Sommergarten erfreuen, der wochenlang in Blüte steht.

Samen *Frucht* *Blü...*

Blütenschmuck zu jeder Jahreszeit

»Was soll ich pflanzen?«, überlegen Erwachsene oft mit verzweifeltem Blick auf ihren tristen Garten, in dem das Grasgrün der einzige Farbtupfer ist. Die Antwort: Sträucher, die zu unterschiedlicher Zeit blühen! Dann wird es von Februar bis November immer etwas Blühendes im Garten geben. Hier erweiterst du dein Wissen zum Thema Gartenplanung mit Sträuchern!

Magnolie 5 m

Blüte

Magnolien

Sie bilden eine große Pflanzenfamilie. Es gibt immergrüne Arten, die keine Sträucher, sondern echte Bäume sind. Andere Arten verlieren ihre Blätter im Winter oder blühen noch vor dem Blattaustrieb. Doch eines ist allen Magnolien gemeinsam: Sie vertragen keinen Frost.

Tulpen-Magnolie

Im April schmücken sich die dunklen Zweige dieser schönen Magnolie mit pastellfarbigen Blüten, deren Form an eine leicht geöffnete Tulpe erinnert.

Großblütiges Johanniskraut

Dieser immergrüne Halbstrauch breitet sich mithilfe unterirdischer Ausläufer aus und bedeckt in kurzer Zeit auch größere Flächen mit seinem eleganten Blattwerk. Die gelben Blüten erscheinen von Juni bis September.

Johanniskraut 60 cm

Japanische Zierquitte

Die Zierquitte ist ein widerstandsfähiger Busch, der im März/April mit zarten, kleinen Blüten überrascht. Danach erst treiben die Blätter aus, unter denen die Dornen an den Zweigen fast verschwinden und ein wenig in Vergessenheit geraten.

Zierquitte 1 m

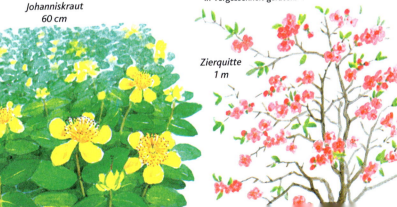

Lebendiger Garten im Winter

Farbige Rinde

Von allen Sträuchern zählt die Japanische Zierkirsche (oder Tibet-Kirsche) zu den attraktivsten Gehölzen im Winterkleid. Das liegt nicht an ihren Blättern, die sie längst abgeworfen hat, sondern an ihrer beeindruckenden, leuchtend roten Rinde.

In der kalten Jahreszeit werden die meisten Gärten vernachlässigt. Erwecke deinen winterlichen Garten zum Leben! Etliche Gehölze stellen eine Blickfang dar: der Essigbaum mit seiner schöne Silhouette, die Japanische Zierkirsche mit ihrer auffallenden Rinde, die Mahonie und der Rhododendron mit ihren glänzenden, immergrünen Blättern, der Feuerdorn mit den roten Früchten oder die Zaubernuss (Hamamelis) mit ihren Blüten, die dem Schnee trotzen.

Zweig

Feuerdorn

Dieser buschig wachsende Dornenstrauch – botanisch »Pyracantha« genannt – erfreut die Gartenliebhaber das ganze Jahr: Im Winter behält er sowohl seine Blätter als auch seinen üppigen Fruchtbestand.

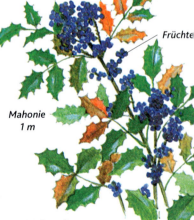

Früchte

Feuerdorn 2 m

Gemeiner Schneeball

Die 3- bis 5-lappigen Blätter ähneln dem Laub des Ahorns und sind ebenfalls gegenständig. Die Früchte sind giftig und werden sogar von Vögeln verschmäht. Dadurch verbleiben sie den Winter über am Strauch.

Mahonie 1 m

Gemeiner Schneeball 4 m

Mahonie

Auf den ersten Blick sieht sie wie eine Stechpalme aus. Doch dann stellst du fest, dass die Blätter der immergrünen Mahonie aus mehreren Einzelblättchen (Fiedern) bestehen.
Im Herbst färben sie sich herrlich rot und sind ein schöner Blickfang, wenn der Winter mit den ersten Frösten Einzug hält.

Rhododendron

Diese Sträucher, ursprünglich Gebirgspflanzen, sind immergrün und blühen je nach Art im Frühjahr oder Sommer. Die Hauptader der meist harten Blätter tritt deutlich hervor. Rhododendren wachsen gerne in Gruppen. Ein Naturerlebnis sind die phantastischen Rhododendrenwälder und -parks.

Rhododendron 1 m

Chinesische Zaubernuss

Während sich die anderen Gewächse im Winterschlaf befinden, trösten uns die Blüten der Zaubernuss über die kalte Jahreszeit hinweg. Durch die blattlosen Zweige kommen die kleinen Blüten umso deutlicher zum Vorschein.

Blüten

Essigbaum 2,50 m

Essigbaum

In Einzelstellung entfaltet dieser Strauch am besten seine exotische Wirkung. Sind es die gefiederten Blätter, die aus einer besonders großen Anzahl von Einzelblättchen (bis zu 31) bestehen, oder die kegelförmigen roten Früchte, die den Essigbaum so attraktiv machen?

Chinesische Zaubernuss 5 m

Zwergkoniferen

Diese langsam wachsenden Nadelgehölze kommen mit wenig Erde aus und sind für steinige Böden geeignet. Sie behalten ihre Nadeln das ganze Jahr über und sorgen für ungewöhnliche Farbakzente im Garten.

Nebenarbeiten

Früher arbeiteten in den Holzbetrieben außer den Holzfällern auch Männer, die aus Zweigen Kehrbesen herstellten oder kleine Reisigbündel anfertigten; diese wurden als Feueranzünder verkauft.

So entsteht ein kleiner Flechtzaun

① Drei Schnüre waagrecht übereinander an mehrere kleine Holzpflöcke spannen.

② Mehrere Bündel gleich starker Zweige an den Schnüren befestigen, und zwar genau so, wie die Abbildung es zeigt.

Auf den Spuren vergangener Zeiten

Unsere Vorfahren fertigten mit geringem Aufwand Gebrauchsgegenstände an. Das notwendige Material fanden sie in der Natur. Es ist einen Versuch wert, die handwerklichen Verfahren von einst wieder zu entdecken. Kannst du erraten, wozu der Besenginster oder die Besenheide früher verwendet wurden? (Die Lösung findest du auf diesen beiden Seiten.)

Schlehe

Dieser Strauch wird wegen seiner Zweige mit der fast schwarzen Rinde und den Dornensprossen auch Schwarzdorn genannt. Er bildet dichtes Unterholz. Die Früchte (Schlehen) werden bei der Herstellung von Likören und Säften mit verwendet.

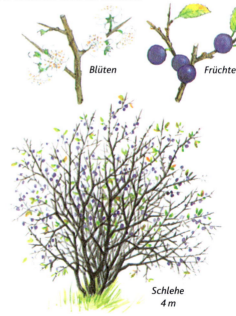

Blüten *Früchte*

Schlehe 4 m

Totholz für die Armen

Wälder werden durch den Verkauf der Bäume wirtschaftlich genutzt. Wer sich früher das teure Baumholz nicht leisten konnte, durfte als Heizmaterial das Holz morscher Sträucher, so genanntes Totholz, sammeln.

Rote Heckenkirsche

Gegenständige Blätter, die Blüten, dünne Zweige – alles erinnert an das Geißblatt. Die beiden Pflanzen sind verwandt! Sie unterscheiden sich in einem wichtigen Merkmal: Die Rote Heckenkirsche ist kein Kletterer.

Blüte

Früchte

Rote Heckenkirsche 2 m

Besenheide

Ihr Name bezieht sich auf die frühere Verwendung von Heidearten zur Besen-Herstellung. Der Zwergstrauch ist aufrecht wachsend und dicht verzweigt. Eine im Mittelmeerraum beheimatete Unterart der Besenheide kann 2 m hoch werden.

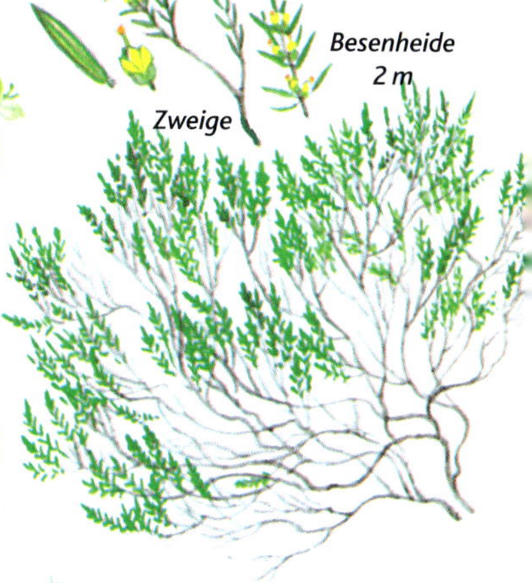

Besenheide 2 m

Zweige

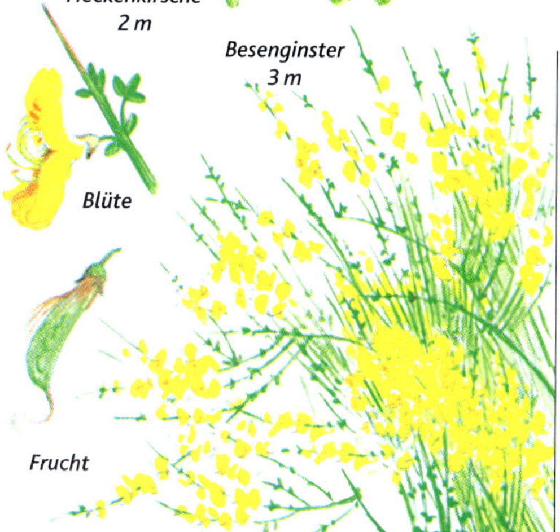

Besenginster 3 m

Blüte

Frucht

Besenginster

Wie alle Ginsterarten ist er ein reich verzweigter Strauch. Ein Merkmal sind die kleeblattähnlichen, dreiteiligen Blätter. Die Triebe sind dünn und kantig: Das spürst du deutlich, wenn du mit den Fingern an einem Trieb entlangfährst.

Kehrbesen im Handumdrehen

Ein Besen ist nichts anderes als sorgfältig gebündeltes Reisig. Die dünnen Zweige müssen mit zwei Eisendrähten so dicht zusammengebunden werden, dass der Besenstiel kaum noch in die Mitte passt.

Efeu

Efeu

Efeu braucht die Bäume nicht zum Überleben wie die schmarotzende Mistel, sondern nur als Stütze: Der Kletterstrauch hält sich mit Haftwurzeln an Stamm und Ästen fest. Doch leider geht dem Efeu ein schlechter Ruf als »Peiniger der Bäume« voraus.

Die Früchte des Efeus

Eine Delikatesse für Vögel sind die Beeren, die nur an den höchsten Zweigen, dafür aber bereits im März heranreifen. Im Winter bietet das dichte Laub des immergrünen Strauchs zahlreichen Tieren Unterschlupf.

Frucht
Zweig

Nicht nur Vögel ...

... bauen ihr Nest in dichten Sträuchern, sondern auch kleine Säugetiere wie der Siebenschläfer. Kurz vor ihrem langen Winterschlaf erfreuen sich die Tiere noch an den schmackhaften Früchten der Sträucher.

Lebensraum für Vögel

In einem Park mit ausschließlich großen Bäumen trifft man nur wenige Vogelarten an: Wo keine Sträucher sind, fehlt vielen Vögeln eine Nahrungsquelle; sie finden weder Unterschlupf noch Nistplätze. Damit ein Wohlfühlgarten auch für Vögel entsteht, ist eine Bepflanzung mit geeigneten Sträuchern unerlässlich: Weißdorn, Eberesche, Zwergmispel oder Kreuzdorn und eine mit Efeu überwucherte Wand bieten den Tieren ein Zuhause.

Zwergmispel
2 m

Gemeine Zwergmispel

Dieser Strauch kommt in Gebirgslagen bis 2 500 m Höhe vor. Unter den zahlreichen Zwergmispel-Arten gibt es sowohl kletternde als auch buschig wachsende Sträucher, die stets ohne Dornen sind.

Heidelbeere

Dieser Strauch wächst flächendeckend sowohl im Tiefland als auch im Gebirge, hauptsächlich in Nadelwäldern. Die Blätter mit gleichfarbiger Ober- und Unterseite haben einen gesägten Rand. Die im Juli reifen Früchte werden vor allem von Auerhähnen geschätzt.

Eberesche

Auch unter dem Namen Vogelbeerbaum bekannt, kommt die Eberesche als Strauch oder als Baum vor. Die Früchte wurden früher zum Vogelfang benutzt. Die Blätter sind gefiedert und am Rand gesägt.

Eberesche
7–15 m

Eingriffeliger Weißdorn

Dieser Dornenstrauch gehört zu den Vogelschutzgehölzen und wird auch Heckendorn genannt. Er fühlt sich an vielen Standorten wohl. Seine Blätter sind tief gelappt und die roten Früchte bleiben lange an den Zweigen. Der Eingriffelige Weißdorn kann 500 Jahre alt werden.

Weißdorn
7–10 m

Blatt

Blüten

Purgier-Kreuzdorn

Ein Strauch mit reichem Fruchtbesatz! Die Zweige laufen häufig in Dornen aus. Die fein gezähnten Blätter sind gegenständig, was den Purgier-Kreuzdorn vom nahe verwandten Faulbaum unterscheidet: Dessen Blätter sind wechselständig.

Kreuzdorn
3 m

Die Kunst des Korbflechtens

Vor Urzeiten haben Menschen begonnen Körbe herzustellen. Zum Korbflechten eignen sich besonders: Weiden, allen voran die Korb-Weide, Faulbaum, Wolliger Schneeball oder Pfriemenginster (Spanischer Ginster). Aus den geflochtenen Zweigen dieser Pflanzen und mit dem nötigen Know-how kannst du wunderschöne Körbe flechten, die ländlichen Charme verbreiten.

Fadenersatz

Brombeerzweige eignen sich hervorragend als Bindematerial, wenn vorher sowohl Rinde als auch Dornen entfernt werden. Außerdem werden sie zum Weben kleiner Deckchen oder Körbe verwendet.

Faulbaum

Nicht zu verwechseln mit dem Purgier-Kreuzkraut oder der Roten Heckenkirsche! Der Faulbaum hat keine Dornen und seine Blätter mit den deutlich hervortretenden Blattadern sind nicht gegenständig, sondern wechselständig.

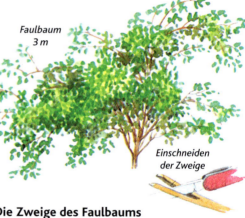

Faulbaum 3 m

Einschneiden der Zweige

Früchte

Die Zweige des Faulbaums

Früher wurde aus dem Holz des Faulbaums Holzkohle hergestellt, die der Schießpulverbereitung diente. Zum Korbflechten müssen die Zweige in Längsrichtung gespalten werden.

So entsteht ein Flechtkorb

Für das Gerüst und den Henkel werden eher feste Zweige benötigt. Der Boden und die Seiten werden mit biegsameren Zweigen geflochten. Um das Holz geschmeidig zu machen, weichst du die Zweige zunächst in warmem Wasser ein.

Korbboden

Wolliger Schneeball

Der Name verrät ein typisches Merkmal: Die Zweige sind filzig (wollig) behaart, außerdem biegsam; die Blätter sind gegenständig und rau. Weitere Besonderheit: Die Blattknospen haben keine Schuppen; die späteren Blätter sind bereits in diesem frühen Stadium sichtbar.

Früchte

Knospen

Schneeball 3 m

Zweig

Blüte

Pfriemginster (Spanischer Ginster)

Er ist im Mittelmeerraum beheimatet. An den grünen Zweigen sitzen nur wenige Blätter. Die Früchte sind Hülsen (wie bei Bohnen), die giftige Samen enthalten.

Ginster 4 m

Weide 7 m

Weidenruten

Für einen Korb aus Weidengeflecht müssen die Ruten – schnurgerade Zweige der Weide – im Februar geschnitten werden. Binde immer mehrere Zweige zu einem Bündel zusammen. Bis zum Frühjahr stellst du die Rutenbündel mit dem dickeren Ende in Wasser. Dann lässt sich die Rinde leicht entfernen und du kannst sofort mit dem Flechten beginnen!

Korb-Weide

Die Zweige werden immer in gleicher Höhe geschnitten: So erhält der Strauch eine Form, die ihm den Namen Kopf-Weide eingebracht hat. Die Blätter sind an der Oberseite matt und an der Unterseite leicht glänzend.

① Sträucher in Küstengebieten

Stechginster, Sanddorn (auch Stranddorn genannt), Ginster, Heidekraut ...
Ob sie vereinzelt auf Brachflächen wachsen oder sich in Küstennähe teppichartig ausbreiten: Immer sind diese Sträucher starken Winden ausgesetzt.

② Hecken- und Waldsträucher im Flachland

Hartriegel, Weißdorn, Schneeball, Hundsrose, Holunder, Waldrebe, Efeu, Berberitze, Schlehe ...
Jeder dieser Sträucher bevorzugt einen bestimmten Standort: Waldränder, Unterholz, Böschungen oder Flussufer.

③ Sträucher im Mittelmeerraum

Lavendel, Myrte, Thymian, Rosmarin, Bohnenkraut ...
Diese Sträucher sind besonders gut an die Trockenheit unter der heißen Sonne des Südens angepasst.

Bodenansprüche

Nicht nur das Klima, auch die Beschaffenheit des Bodens beeinflusst wesentlich die Standortwahl der Sträucher. Manche mögen keine Kalkböden oder schwere, tonhaltige Böden. Andere wiederum fühlen sich an sehr feuchten Standorten nicht wohl.

Wo wachsen Sträucher?

Sträucher kommen in jedem Wald vor, an Wiesen- und Feldrändern oder in unseren Gärten. Es gibt sie als Wild-, Zier- und Obststräucher. Sie stellen unterschiedliche Ansprüche an den Standort. Nicht alle vertragen die Kälte im Gebirge, die Trockenheit im Süden oder die starken Winde am Meer. Daher werden die Sträucher verschiedenen Klimagebieten zugeordnet, die ihrem bevorzugten Standort entsprechen.

④ Sträucher im Gebirge

Mispel, Rhododendron, Heidelbeere … Steilhänge bewältigen sie mühelos! Einige der »Gipfelstürmer« sind sogar Wegbereiter für Bäume.

⑤ Sträucher aus fernen Ländern

Flieder, Essigbaum, Japanische Zierquitte, Japanische Zierkirsche, Chinesische Zaubernuss, Schmetterlingsflieder … Sie alle sind in fernen Ländern zu Hause. Dass wir uns hierzulande an ihren Blüten erfreuen können, verdanken wir den Botanikern und Forschern: Sie haben die exotischen Schönheiten von ihren weiten Reisen mit nach Europa gebracht.

Sträucher in Gefahr

Brände, Pflanzen fressende Tiere, Schädlinge und Krankheiten, der Wegfall von Heckenpflanzungen – all das bedroht das Leben der Sträucher. Doch die Ausdauer der Pflanzen und ihr Artenreichtum werden auch in Zukunft dafür sorgen, dass es keine Landschaft ohne Sträucher gibt.

Stichwortverzeichnis

A
Ahorn	☐	23
Ahorn, Japanischer	☐	26

B
Bambus	☐	17
Berberitze, Gemeine *siehe Sauerdorn*		
Besen (herstellen)		31
Besenheide	☐	31
Biene		20–21
Bohnenkraut	☐	19, 36
Brombeere, Wald-	☐	11
Buchsbaum	☐	16
Buddleia *siehe Schmetterlingsflieder*		

C
Clematis *siehe Waldrebe*

E
Eberesche	☐	33
Efeu	☐	32, 36
Erika *siehe Heidekraut*		
Essigbaum	☐	29, 37

F
Faulbaum	☐	34
Felsenbirne	☐	7
Feuerdorn	☐	28
Flieder	☐	8, 37
Forsythie	☐	26

G
Geißblatt, Wald-	☐	9
Ginster	☐	36
Ginster, Besen-	☐	31
Ginster, Spanischer *siehe Pfriemginster*		
Goldregen, Gemeiner	☐	20
Grauheide	☐	20

H
Hagebutte	☐	23
Hartriegel, Roter	☐	13, 36
Hasel, Gemeine	☐	7
Heckenkirsche, Rote	☐	31
Heidekraut, Gemeines	☐	21, 36
Heidelbeere	☐	33, 37
Herbstlaub (konservieren)		13
Himbeere	☐	11
Holunder, Schwarzer	☐	22, 36
Holz-Apfel	☐	21
Hortensie	☐	26
Hundsrose	☐	23, 36
Hütte (bauen)		14–15

I
Ilex *siehe Stechpalme*

J
Johannisbeere, Rote	☐	10
Johannisbeere, Schwarze	☐	11
Johanniskraut, Großblütiges	☐	27

K
Korb (flechten)		34–35
Kornelkirsche	☐	6
Kräuter, Küchen-	☐	18–19
Kreuzdorn, Purgier-	☐	33

L
Labyrinth, Pflanzen-	☐	17
Lavendel	☐	9, 36
Liguster	☐	16
Lorbeer, Echter	☐	18

M
Magnolie	☐	27
Magnolie, Tulpen-	☐	27
Mahonie	☐	28
Mäusedorn	☐	12
Mispel	☐	10, 37
Mistel, Weiße	☐	13
Myrte	☐	16, 36

P

Papier (schöpfen)		25
Pfaffenhütchen	☐	24
Pfeifenstrauch	☐	8
Pfriemginster	☐	35
Potpourri, Duft-		9

R

Rhododendron	☐	29, 37
Rose	☐	26
Rosmarin	☐	18, 36

S

Sanddorn	☐	11, 36
Sauerdorn	☐	21
Scherzartikel		22–23
Schlangenmuster		7
Schlehe	☐	30, 36
Schmetterlingsflieder	☐	20, 37
Schneeball, Gemeiner	☐	28
Schneeball, Wolliger	☐	35–36
Schneebeere	☐	12
Sommerflieder	☐	20
Spazierstock (schnitzen)		6–7
Spielidee		22–23
Stachelbeere	☐	19
Stechginster	☐	17, 36
Stechpalme	☐	12

T

Thuja	☐	17
Thymian	☐	18, 36
Traubenkirsche	☐	23

V

Vermehrung (durch Stecklinge)		15
Vogel		32–33

W

Wacholder, Gemeiner	☐	19
Waldrebe	☐	15, 36
Wanderstock *siehe Spazierstock*		
Weide, Korb-	☐	35
Weide, Sal-	☐	25
Wein, Wilder	☐	15
Weinrebe	☐	18
Weißdorn	☐	36
Weißdorn, Eingriffeliger	☐	33
Weißdorn, Zweigriffeliger	☐	17
Werkzeuggriff (herstellen)		6

Z

Zaubernuss, Chinesische	☐	29, 37
Zaun, Flecht-		30
Zeichnen		24–25
Zierkirsche, Japanische	☐	37
Zierquitte, Japanische	☐	27, 37
Zwergkonifere	☐	29
Zwergmispel, Gemeine	☐	32
Zypresse	☐	17

Möchtest du auf einen Blick feststellen, wie viele Sträucher du bereits entdeckt und bestimmt hast? Dann suche den entsprechenden Namen im Stichwortverzeichnis und kreuze das Kästchen ☐ an.

In dieser Reihe sind bereits erschienen:
- Feld- und Wiesenblumen
- Bäume erkennen
- Vögel in unseren Gärten
- Fossilien entdecken
- Ein Pony für mich
- Blüten und Gräser trocknen
- Die Welt der Vulkane
- Greifvögel beobachten und bestimmen
- Tierspuren lesen
- Mineralien und Edelsteine sammeln
- Karte, Kompass, Sonnenstand – So findest du den Weg
- Delfine, Wale und andere Meeressäuger
- Auf den Spuren der Dinosaurier
- Sterne und Planeten beobachten
- So funktioniert dein Körper
- Geheimbotschaften: Codes, Morsezeichen, Signale
- Waldblumen
- Ponys und Pferde
- Erste Hilfe
- Aquarienfische
- Schmetterlinge und Raupen

Die französische Originalausgabe dieses Werkes erschien
unter dem Titel »Les arbustes et leurs secrets« bei MILAN.
© 1996 Éditions MILAN, 300 rue Léon Joulin, 31100 Toulouse Cedex 9, Frankreich
www.editionsmilan.com

Aus dem Französischen von Elisabeth Schittenhelm

Verlag und Autor weisen darauf hin, dass die Informationen in diesem Buch
sorgfältig geprüft wurden. Eine Garantie für Schäden, die durch das Befolgen
der Hinweise in diesem Werk auftreten, kann jedoch nicht übernommen werden.

1. Auflage 2006
© für die deutsche Ausgabe
by ENSSLIN im Arena Verlag GmbH
Würzburg 2006
Druck und Bindung: Westermann Druck Zwickau GmbH
Alle Rechte vorbehalten.

ISBN 3-401-45255-X
ISBN 978-3-401-45255-5

www.arena-verlag.de